Impressum
Verlag: BABADADA GmbH, Nedderfeld 112 , 22529 Hamburg
Geschäftsführer / Verlagsleitung: Harald Hof
Druck: Books on Demand GmbH, In de Tarpen 42, 22848 Norderstedt

Imprint
Publisher: BABADADA GmbH, Nedderfeld 112 , 22529 Hamburg, Germany
Managing Director / Publishing direction: Harald Hof
Print: Books on Demand GmbH, In de Tarpen 42, 22848 Norderstedt, Germany

училище

المدرسة

деление
يقسم

186/2

черна дъска
اللوح

класна стая
القسم

училищен двор
باحة المدرسة

учител
المعلّم

хартия
ورقة

пиша
يكتب

химикал
القلم

бюро
طاولة المكتب

линеал
المسطرة

книга
الكتاب

ученик
التلميذ

ученическа раница

الحقيبة المدرسية

ученически несесер

المقلمة

молив

قلم الرصاص

острилка за моливи

البرّاية

гума

الممحاة

блок за рисуване

دفتر الرسم

рисунка

الرسمة

четка

الفرشاة

акварелни бои

علبة التلوين

ножица

المقص

лепило

المادة اللاصقة

тетрадка за упражнения

دفتر التمارين

домашна работа

الواجب المدرسي

число

الرقم

събиране

يجمع

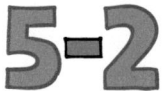

изваждане

يطرح

умножение

يضرب

смятане

يحسب

буква

الحرف

азбука

الأبجدية

дума

كلمة

текст

النص

чета

يقرأ

тебешир

الطبشور

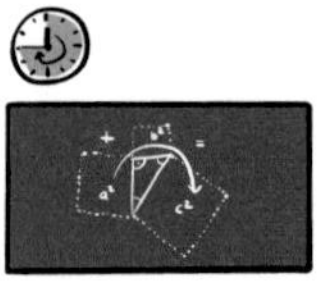

час

الحصة

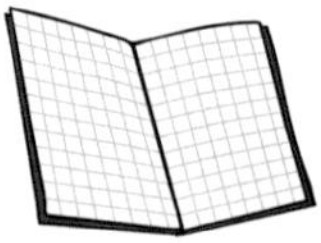

дневник на класа

دفتر الدوام المدرسي

изпит

الامتحان

свидетелство

شهادة

ученическа униформа

اللباس المدرسي

образование

التعليم

справочник

الموسوعة

университет

الجامعة

микроскоп

المجهر

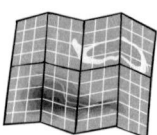

карта

الخريطة

кошче за хартиени отпадъци

قماما

пътуване

سفر

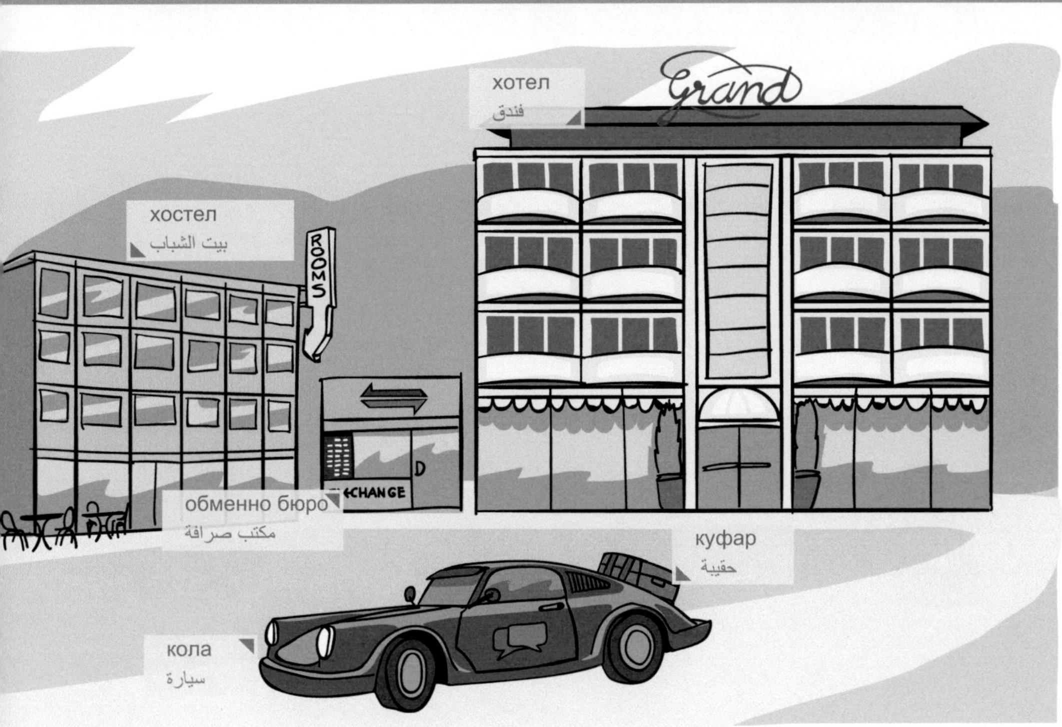
хотел
فندق
Grand
хостел
بيت الشباب
ROOMS
обменно бюро
مكتب صرافة
куфар
حقيبة
кола
سيارة

език

اللغة

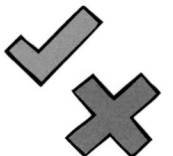

да / не

نعم / لا

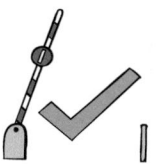

Окей

حسناً

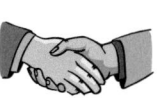

здравей

مرحباً

преводач

مترجم

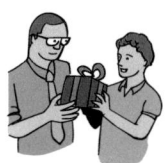

Благодаря

شكراً

Колко струва…?

كم ثمن … ؟

Не разбирам

لا أفهم

проблем

مشكلة

Добър вечер!

مساء الخير

Добро утро!

صباح الخير!

Лека нощ!

ليلة سعيدة

довиждане

إلى اللقاء

посока

اتجاه

багаж

أمتعة السفر

пътна чанта

حقيبة

раница

حقيبة ظهر

посетител

ضيف

стая

غرفة

спален чувал

كيس للنوم

палатка

خيمة

уристическа информация

استعلامات سياحية

плаж

شاطئ

кредитна карта

بطاقة ائتمان

закуска

إفطار

обед

طعام الغداء

вечеря

العشاء

билет

بطاقة سفر

асансьор

مصعد

пощенска марка

طابع بريدي

граница

حدود

митница

الجمارك

посолство

سفارة

виза

تأشيرة

паспорт

جواز سفر

транспорт

نقل

самолет
طائرة
кораб
سفينة
пожарна кола
سيارة إطفاء
автобус
حافلة
товарен автомобил
سيارة شاحنة
моторна лодка
زورق آلي
велосипед
درّاجة
кола
سيارة

ферибот

عبارة

лодка

قارب

мотоциклет

دراجة نارية

полицейска кола

سيارة شرطة

състезателна кола

سيارة سباق

кола под наем

سيارة مستأجرة

каршеринг

أسلوب تشاركي في استئجار السيارات

автомобил от "Пътна помощ"

سيارة للجر

сметовоз

سيارة نقل القمامة

двигател

محرك

бензин

وقود

бензиностанция

محطة وقود

пътен знак

إشارة مرور

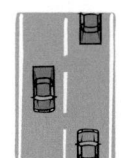

улично движение

حركة السير

задръстване

ازدحام سير

паркинг

موقف سيارات

гара

محطة قطار

релси

سكك حديدية

влак

قطار

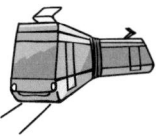

трамвай

ترام

вагон

عربة قطار

хеликоптер

طائرة مروحية

аерогара

مطار

кула

برج

пасажер

مسافر

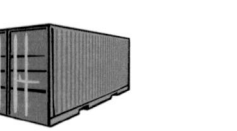

контейнер

حاوية

кашон

علبة كرتون

ръчна количка

عربة يد

кошница

سلة

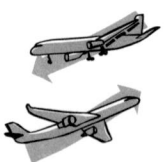

излитам / приземявам се

يقلع / يهبط

град

مدينة

село

قرية

градски център

مركز المدينة

къща

بيت

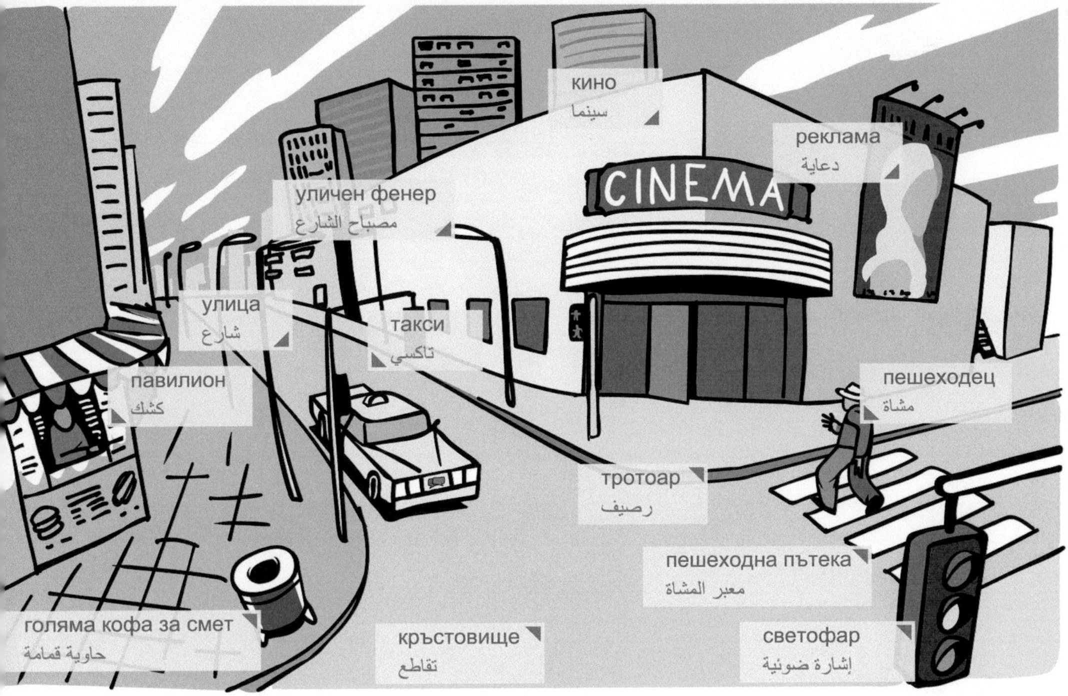

кино
سينما

реклама
دعاية

уличен фенер
مصباح الشارع

улица
شارع

такси
تاكسي

павилион
كشك

пешеходец
مشاة

тротоар
رصيف

пешеходна пътека
معبر المشاة

голяма кофа за смет
حاوية قمامة

кръстовище
تقاطع

светофар
إشارة ضوئية

хижа

كوخ

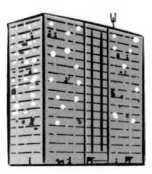

жилище

شقة

гара

محطة قطار

кметство

دار البلدية

музей

متحف

училище

المدرسة

град - مدينة

университет

الجامعة

банка

مصرف

болница

المستشفى

хотел

فندق

аптека

صيدلية

офис

مكتب

книжарница

مكتبة

магазин за цветя

متجر

магазин за цветя

محل لبيع الزهور

супермаркет

سوبرماركت

пазар

سوق

универсален магазин

متجر كبير

търговец на риба

تاجر السمك

търговски център

مركز تسوّق

пристанище

ميناء

парк

حديقة عامة

пейка

مقعد

мост

جسر

стълба

درج، سلم

метро

مترو

тунел

نفق

автобусна спирка

موقف حافلات

бар

بار

ресторант

مطعم

пощенска кутия

صندوق البريد

улична табелка

لافتة باسم الشارع

часовник за паркинг престой

مقياس زمن الوقوف

зоологическа градина

حديقة حيوانات

плувен басейн

مسبح

джамия

مسجد

селски двор

مزرعة

замърсяване на околната
среда

تلوث البيئة

гробище

مقبرة

църква

كنيسة

детска площадка

ملعب الأطفال

храм

معبد

пейзаж

طبيعة ريفية

листо
ورقة

пътепоказател
علامة إرشاد

път
طريق

ливада
مرج

камък
حجر

пътешественик
رحالة

дърво
شجرة

река
نهر

трева
عشب

цвете
زهرة

долина

وادٍ

планина

جبل

море

بحيرة

гора

غابة

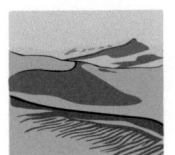

пустиня

صحراء

вулкан

بركان

замък

قلعة

дъга

قوس قزح

гъба

فِطر

палма

نخلة

комар

بعوض

муха

ذبّانة

мравка

نملة

пчела

نحلة

паяк

عنكبوت

бръмбар

خنفساء

жаба

ضفدعة

катеричка

سنجاب

таралеж

قنفذ

заек

أرنب

кукумявка

بومة

птица

عصفور

лебед

بجعة

диво прасе

خنزير برّي

елен

غزال

лос

إلكة

бент

سد

вятърна турбина

دولاب الطاحونة الهوائية

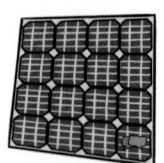

соларен модул

خلية شمسية

климат

مناخ

ресторант
مطعم

келнер
نادل
меню
لائحة الطعام
стол
كرسي
супа
حساء
пица
بيتزا
прибори за хранене
أدوات المائدة
покривка за маса
غطاء المائدة

предястие

مقبلات

основно ястие

الصحن الرئيسي

десерт

حلوى أو فاكهة بعد الطعام

напитки

مشروبات

ядене

طعام

бутилка

زجاجة

бързо хранене

وجبات سريعة

улична храна

طعام الشارع

кана за чай

إبريق الشاي

кутия за захар

علبة السكر

порция

حصّة

еспресо машина

آلة الإسبريسو

висок детски стол

كرسي عالٍ

сметка

فاتورة

табла

صينية

ножица за нокти

سكين

вилица

شوكة

лъжица

ملعقة

чаена лъжичка

ملعقة الشاي

салфетка

منديل المائدة

стъклена чаша

كأس

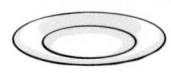

чиния

صحن

чиния за супа

صحن الحساء

чинийка

صحن الفنجان

сос

صلصة

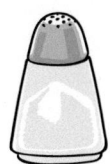

солница

مملحة

мелничка за черен пипер

مطحنة الفلفل

оцет

خلّ

олио

زيت الطعام

подправки

توابل

кетчуп

كتشاب

горчица

خردل

майонеза

مايونيز

супермаркет

سوبرماركت

оферта
عرض خاص
FOR
клиент
زبون
млечни продукти
مشتقات الحليب
плодове
فواكه
количка за покупки
عربة تَسوّق

кланица

جزّار

хлебарница

مخبز

тегля

يزن

зеленчуци

خضار

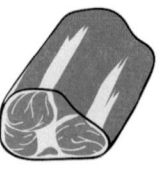

месо

لحم

дълбоко замразена храна

المأكولات المجمّدة

нарязан колбас или сирене

مرتدلا أو جبن

консерви

معلّبات

перилен препарат

مسحوق الغسيل

лакомства

حلويات

домакински изделия

المواد المنزلية

почистващи препарати

منظّفات

продавачка

بائعة

каса

صندوق الحساب

касиер

أمين صندوق

списък на покупките

قائمة المشتريات

работно време

أوقات العمل

портфейл

محفظة النقود

кредитна карта

بطاقة ائتمان

чанта

حقيبة

пластмасова торба

كيس بلاستيكي

напитки

مشروبات

вода

ماء

сок

عصير

мляко

حليب

кола

كولا

вино

نبيذ

бира

بيرة

алкохол

كحول

какао

كاكاو

чай

شاي

кафе машина

قهوة

еспресо

قهوة إسبريسو

капучино

كابوتشينو

банан

موزة

ябълка

تفاح

портокал

برتقال

пъпеш

بطيخ

лимон

ليمون

морков

جزرة

чесън

ثوم

бамбук

خيزران

лук

بصل

гъба

فطر

ядки

لوزيات

макарони

شعيرية

спагети

سباغيتي

ориз

أرزّ

салата

سلطة

пържени картофи

بطاطا مقلية

печени картофи

بطاطا مقلية

пица

بيتزا

хамбургер

هامبورغر

сандвич

ساندويش

шницел

شريحة لحم مقلية

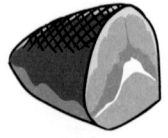

шунка

لحم خنزير

траен колбас

سلامي

салам

سجق

пиле

دجاج

печено

لحم محمر

риба

سمك

овесени ядки

دقيق الشوفان

мюсли

موسلي

корнфлейкс

كورن فلكس

брашно

طحين

кроасан

كرواسان

хлебчета

خبز صغير

хляб

خبز

препечена филийка

خبز محمص

бисквити

بسكويت

масло

زبدة

извара

لبن زبادي

сладкиш

كعكة

яйце

بيضة

яйца на очи

بيض مقلي

сирене

جبنة

сладолед

مثلجات

захар

سكر

мед

عسل

мармалад

مربّى الفاكهة

нуга крем

كريم النوغا

къри

الكاري

селски двор

مزرعة

селска къща
بيت الفلاح
бала сено
رزمة من التبن
плевня
مخزن غلال
поле
حقل
кон
حصان
ремарке
مقطورة
трактор
جرار
конче
مهر
магаре
حمار
овца
خروف
агне
خروف

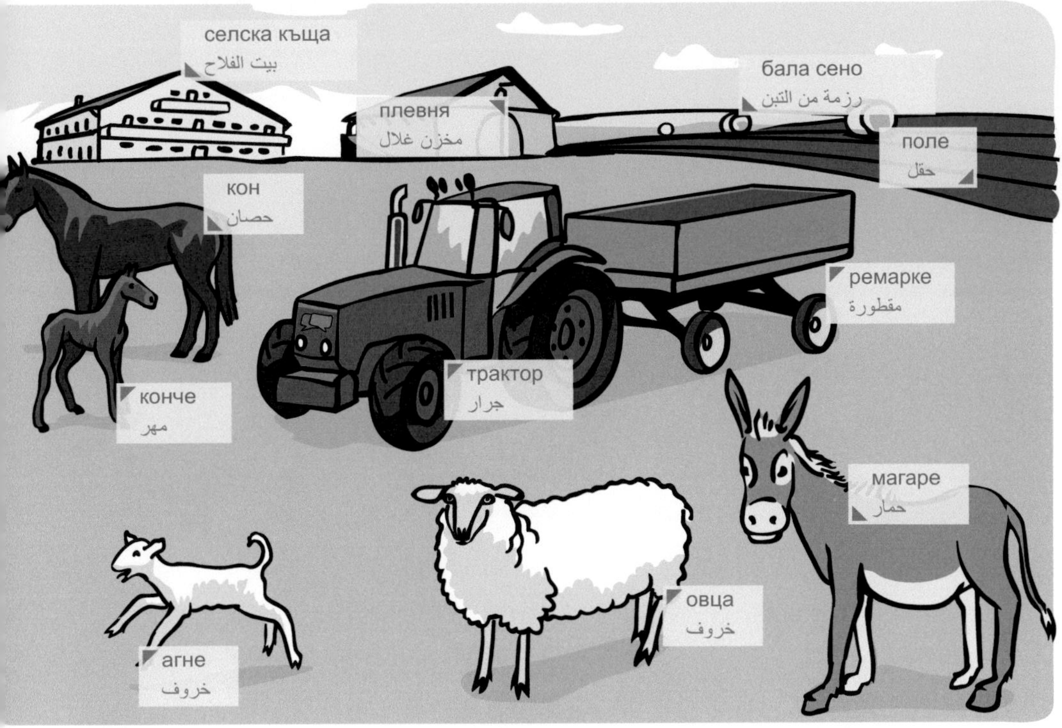

коза

ماعز

крава

بقرة

теле

عجل

свиня

خنزير

прасенце

خنزير صغير

бик

ثور

гъска

إوزّة

патица

بطة

пиленце

صوص

кокошка

دجاجة

петел

ديك

плъх

جرذ

котка

قطّة

мишка

فأر

вол

ثور

куче

كلب

кучешка колиба

كوخ الكلب

градински маркуч

خرطوم الحديقة

лейка

إبريق

коса

منجل

плуг

المحراث

сърп

منجل

мотика

معزقة

вила за тор

مذراة الزبل

брадва

بلطة

ръчна количка

عربة يد

корито

معلف

съд за мляко

صفيحة الحليب

чувал

كيس

ограда

سياج

обор

اصطبل

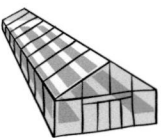

парник

دفيئة

земя

تربة

сеитба

بذور

тор

سماد

комбайн

حصّادة درّاسة

жъна

يحصد

реколта

محصول

ямс

بطاطا يامس

жито

قمح

соя

صويا

картоф

بطاطا

царевица

ذرة

рапица

سلجم

овощно дърво

شجرة فاكهة

маниока

نبات منيهوت

зърнени храни

الحبوب

къща

بيت

комин
مدخنة
покрив
سقف
улук
مزراب
прозорец
نافذة
гараж
مرآب
звънец
جرس الباب
врата
باب
кофа за боклук
пощенска кутия
صندوق البريد
градина
حديقة

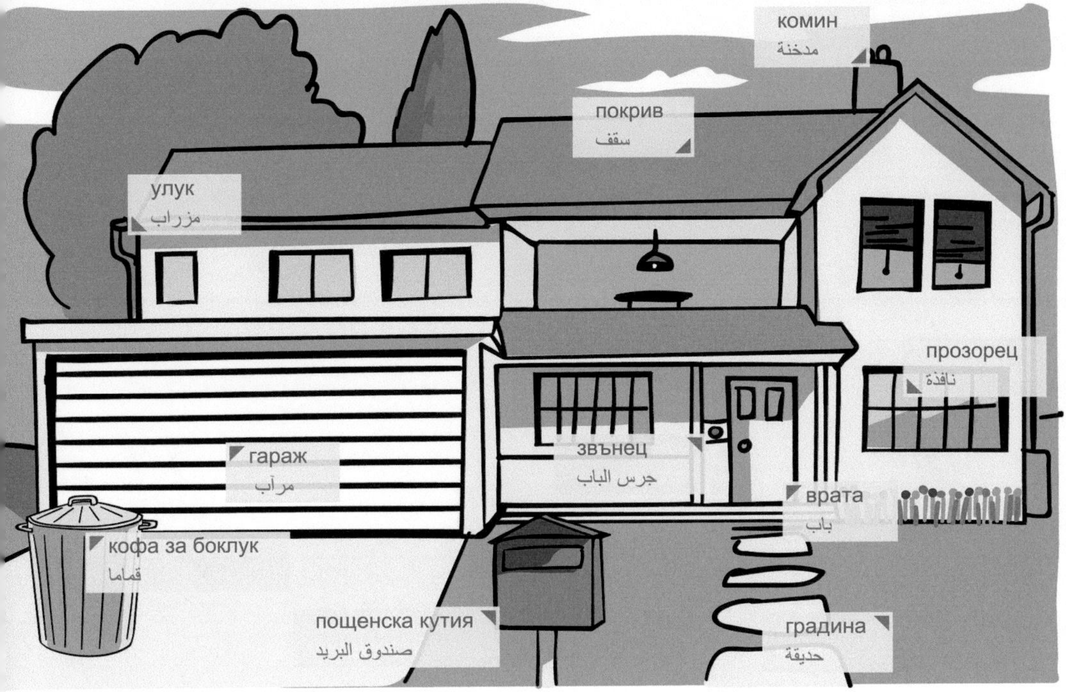

всекидневна

غرفة جلوس

баня

الحمّام

кухня

مطبخ

спалня

غرفة النوم

детска стая

غرفة الأطفال

трапезария

غرفة الطعام

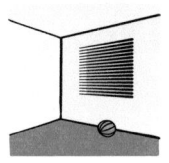

под

أرضية

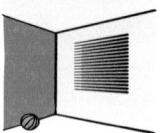

стена

حائط

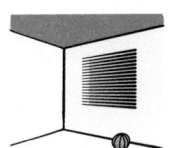

таван

سقف

изба

قبو

сауна

ساونا

балкон

بلكون

тераса

شرفة

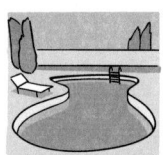

плувен басейн

مسبح

косачка

جزّازة العشب

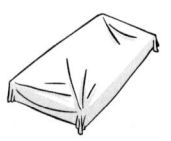

спално бельо

بياضات السرير

покривка за легло

بطانية

легло

سرير

метла

مكنسة

кофа

سطل

електрически ключ

مفتاح كهربائي

всекидневна
غرفة جلوس

тапет
ورق جدران
картина
صورة
лампа
مصباح كهربائي
рафт
رف
шкаф
خزانة
телевизор
تلفزيون
камина
موقد مفتوح
цвете
زهرة
възглавница
وسادة
канапе
كنبة
ваза
مزهرية
дистанционно управление
تحكم عن بعد

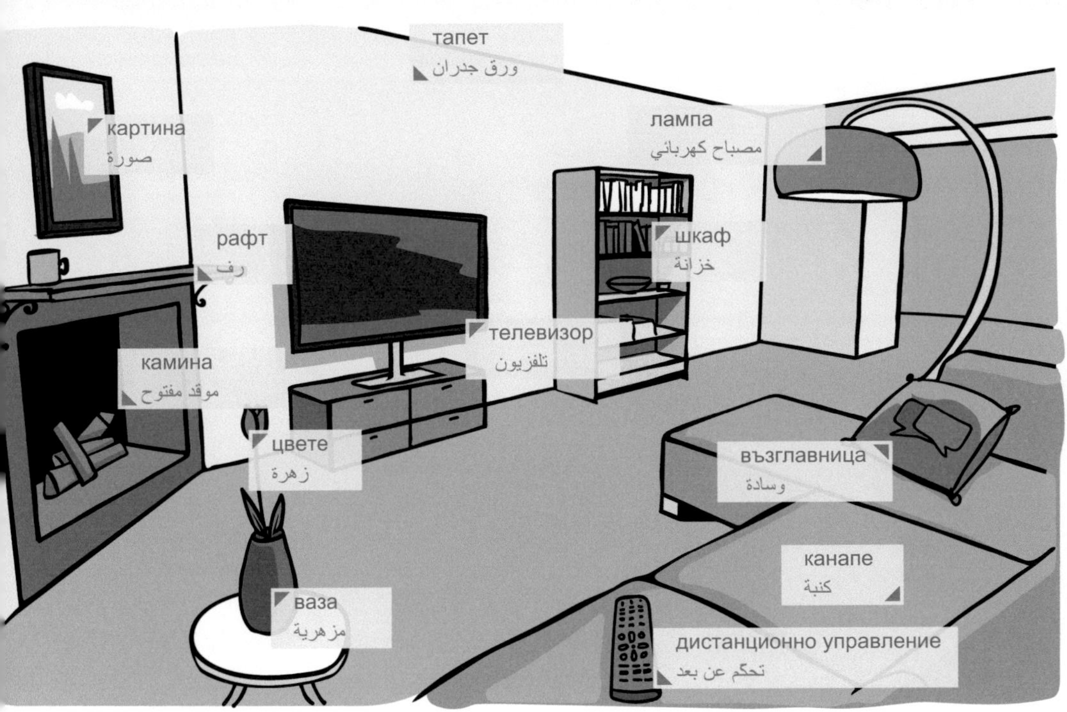

килим

بصاط

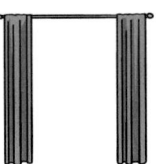

завеса

ستارة

маса

طاولة

стол

كرسي

люлеещ се стол

كرسي هزّاز

кресло

كرسي ذو ذراعين

книга

الكتاب

одеяло

بطانية

декорация

زخرفة

дърва за отопление

الحطب

филм

فيلم

стерео уредба

تجهيزات ستيريو

ключ

مفتاح

вестник

جريدة

живопис

لوحة مرسومة

постер

مُلصق

радио

راديو

бележник

دفتر ملاحظات

прахосмукачка

المكنسة الكهربائية

кактус

صبّار

свещ

شمعة

кухня
مطبخ

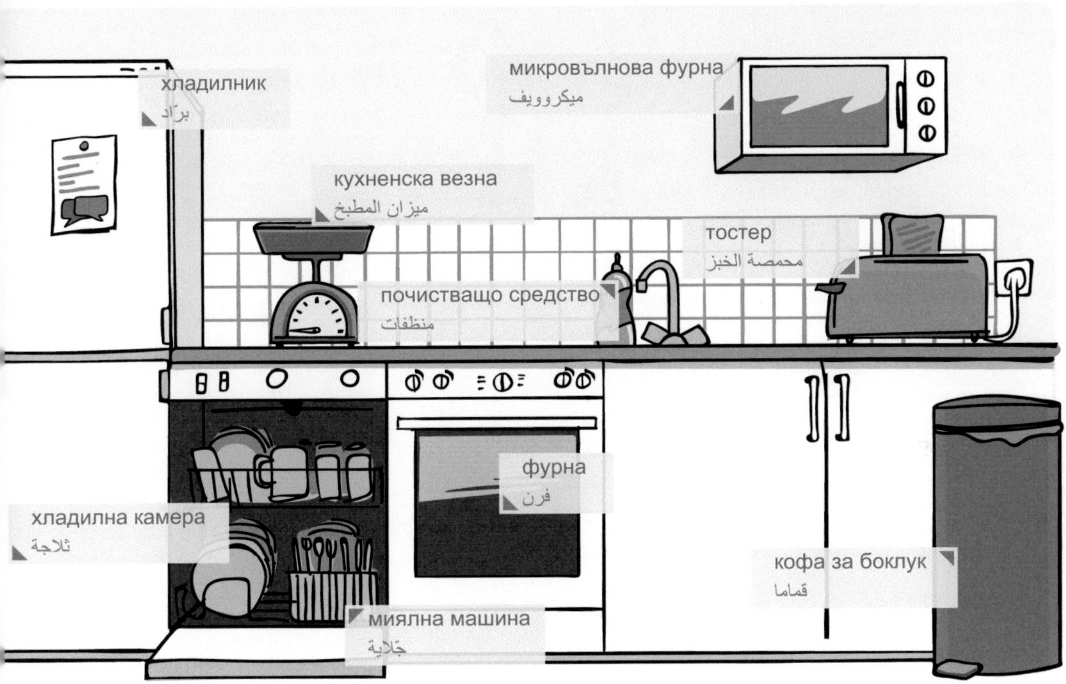
хладилник
برّاد
микровълнова фурна
ميكروويف
кухненска везна
ميزان المطبخ
тостер
محمصة الخبز
почистващо средство
منظفات
фурна
فرن
хладилна камера
ثلاجة
кофа за боклук
قماما
миялна машина
جلاية

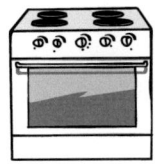

готварска печка

موقد

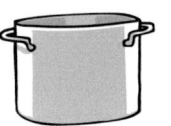

тенджера

قِدر

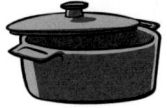

желязна тенджера

وعاء من الحديد

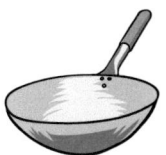

уок / кадаи

قدر صيني

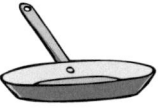

тиган

مقلاة

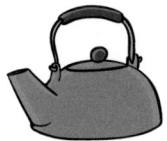

кана за затопляне на вода

غلاية

уред за готвене на пара

قدر البخار

тава за печене

صينية

съдове

أواني

чаша

فنجان

купа

صحن

клечки за хранене

عيدان الأكل

черпак

مغرفة

лопатка за тиган

ملعقة منبسطة

тел за разбиване (на яйца, белтъци)

خفاقة

кошница за варене

مصفاة

гевгир

مصفاة

ренде

مِبشرة

хаван

هاون

барбекю

شواء

огнище

موقد

дъска

لوح التقطيع

точилка

نشّابة

тирбушон

مفتاح الزجاجات

кутия

علبة

отварачка за консерви

مفتاح العلب المعدنية

кухненска ръкохватка

قماش الفرن

мивка

مجلى

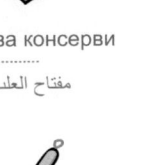

четка

فرشاة

гъба

إسفنج

миксер

خلاط

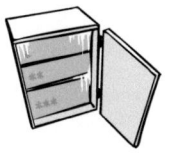

фризер

مجمّدة

бебешко шише

زجاجة الطفل

воден кран

صنبور الماء

баня

الحمّام

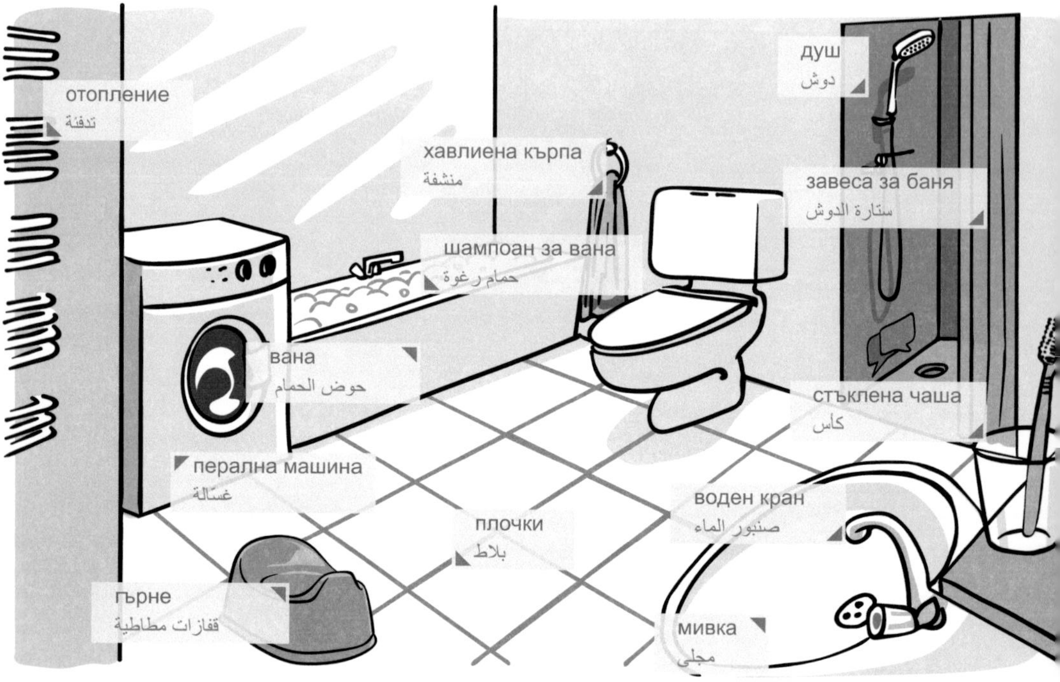

душ
دوش
отопление
تدفئة
хавлиена кърпа
منشفة
завеса за баня
ستارة الدوش
шампоан за вана
حمام رغوة
вана
حوض الحمام
стъклена чаша
كاس
перална машина
غسّالة
воден кран
صنبور الماء
плочки
بلاط
гърне
قفازات مطاطية
мивка
مجلى

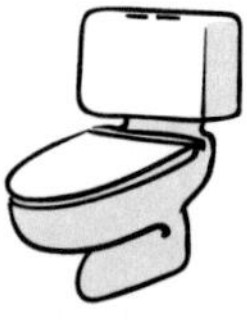

тоалетна

حمام

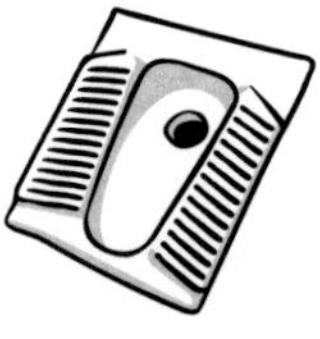

клекало

مرحاض القرفصاء

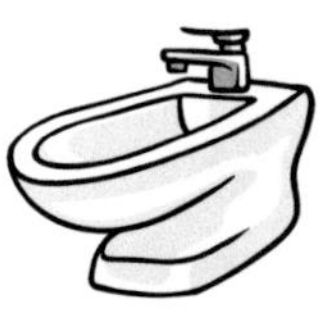

биде

حوض التشطيف

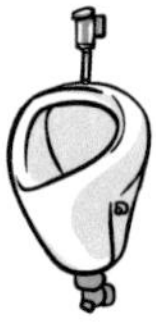

писоар

مبولة

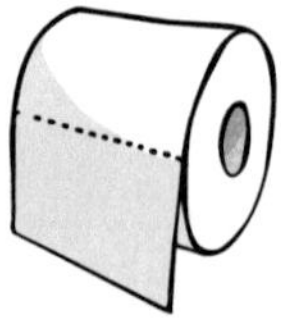

тоалетна хартия

ورق المرحاض

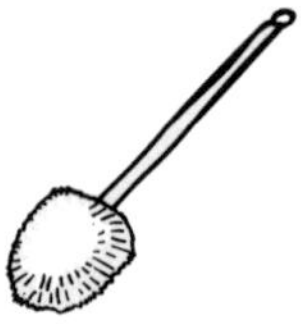

четка за тоалетна

فرشاة الحمام

четка за зъби

فرشاة الأسنان

паста за зъби

معجون الأسنان

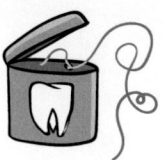

конец за зъби

خيط حرير لتنظيف الأسنان

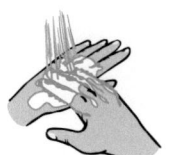

мия

يغسل

ръчен душ

رشاش ماء يدوي

интимен душ

شطاف

леген

حوض الغسيل

четка за гръб

فرشاة الظهر

сапун

صابون

душ гел

جيل الدوش

шампоан за вана

شامبو

гъба за баня

ممسحة

сифон

مصرف للماء

крем

مرهم

дезодорант

مزيل الروائح

огледало

مرآة

козметично огледало

مرآة يد

ръчна самобръсначка

موس حلاقة

пяна за бръснене

رغوة الحلاقة

одеколон за след
бръснене

كولونيا

гребен

مشط

четка

فرشاة

сешоар

سشوار

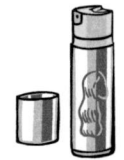

спрей за коса

مثبت للشعر

грим

ماكياج

червило

روج

лак за нокти

طلاء أظافر

памук

قطن

ножица за нокти

مقص أظافر

парфюм

عطر

тоалетна чантичка

سلة الغسيل

табуретка

مقعد صغير

везна

ميزان

хавлия

معطف الحمام

домакински ръкавици

قفازات مطاطية

тампон

سدادة قطنية

дамски превръзки

منشفة صحية

химическа тоалетна

تواليت كيميائية

детска стая

غرفة الأطفال

будилник
منبّه
плюшена играчка
الحيوانات المحنطة
автомобил играчка
سيارة لعبة
дрънкалка
خشخشة
къща за кукли
بيت الدمى
подарък
هدية

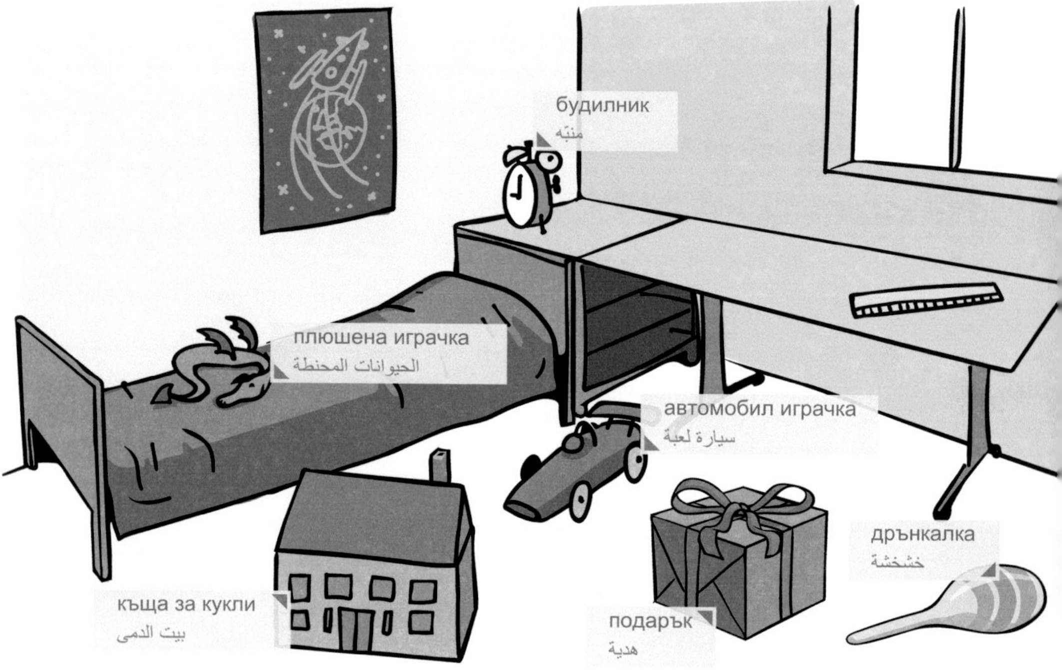

балон

بالون

легло

سرير

детска количка

عربة الأطفال

игра на карти

لعبة الورق

пъзел

أحجية

комикс

رسوم هزلية

лего елементи

أحجار الليغو

строителни елементи

حجارة تركيب

екшън фигурка

دمية بطل

бебешки гащеризон

لباس الطفل

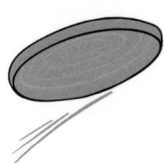

фрисби

فريسبي

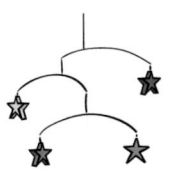

бебешки играчки за легло

دمية معلّقة

настолна игра

لعبة الطاولة

зарче

لعبة النرد

миниатюрно влакче

لعبة قطار

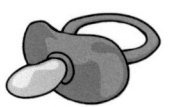

биберон

مصّاصة

парти

حفلة

детска книга с илюстрации

كتاب مصوّر

топка

كرة

кукла

دمية

играя

يلعب

пясъчник

ملعب رملي للأطفال

люлка

أرجوحة

играчка

لعبة

игрова конзола

ألعاب فيديو

велосипед с три колелета

دراجة ثلاثية

плюшено мече

دمية على شكل الدب

гардероб

خزانة الثياب

облекло

ثياب

къси чорапи

جوارب قصيرة

дълги чорапи

جوارب طويلة

чорапогащник

جورب بنطلون

шал
شال

колан
حزام

чадър
شمسية

Т-шърт
تي شيرت

гуменки
أحذية رياضية

ботуши
حذاء شتوي

пантофи
شبشب

сандали

صندل

обувки

حذاء

гумени ботуши

جزمة كاوتشوك

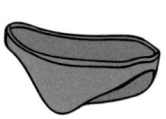

слип

سروال داخلي

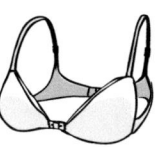

сутиен

صدّارة

долна блуза

قميص داخلي

боди
....
لباس ملاصق للجسم

панталон
....
بنطلون

дънки
....
جينز

пола
....
تنورة

блуза
....
بلوزة

риза
....
قميص

пуловер
....
سترة قطنية

суичър
....
كنزة كم طويل

блейзър
....
سترة فضفاضة

яке
....
سترة

палто
....
معطف

дъждобран
....
معطف مطري

костюм
....
زي - طقم نسائي

рокля
....
ثوب

булчинска рокля
....
ثوب الزفاف

костюм

طقم

нощница

قميص نوم

пижама

بيجاما

сари

ساري

кърпа за глава

حجاب

тюрбан

عمامة

бурка

برقع

кафтан

قفطان

абая

عباءة

бански костюм

مايوه

плувни шорти

سروال سباحة

къс панталон

شرت

анцуг

بدلة رياضية

престилка

مئزر

ръкавици

قفازات

копче

زر

очила

نظّارة

гривна

إسوارة

верижка

عقد

пръстен

خاتم

обеца

قرط

каскет

طاقيّة

закачалка

علاقة ثياب

шапка

قبّعة

вратовръзка

ربطة العنق

цип

سحّاب

каска

خوذة

тиранти

حمّالة البنطلون

ученическа униформа

اللباس المدرسي

униформа

زي موحّد

лигавник

مريلة الأطفال

биберон

مصّاصة

пелена

لفافة

офис

مكتب

сървър
المخدّم
шкаф за документи
خزانة الملفات
принтер
طابعة
хартия
ورقة
монитор
شاشة
мишка
فارة
бюро
طاولة المكتب
папка
ملف
клавиатура
لوحة المفاتيح
стол
كرسي
кошче за хартиени отпадъци
قماما
компютър
حاسوب

чаша за кафе

كأس من القهوة

джобен калкулатор

الآلة الحاسبة

интернет

الإنترنت

лаптоп

الحاسوب المحمول

писмо

رسالة

съобщение

خبر

мобилен телефон

الهاتف المحمول

мрежа

شبكة

ксерокс

جهاز تصوير

софтуер

البرمجيات

телефон

هاتف

контакт

مقبس كهربائي

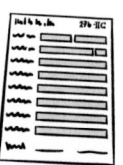

факс

فاكس

формуляр

استمارة

документ

وثيقة

купувам

يشتري

плащам

يدفع

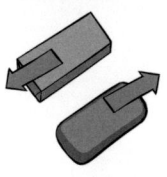

търгувам

يتاجر

пари

مال

долар

دولار

евро

يورو

йена

ين

рубла

روبل

швейцарски франк

فرنك سويسري

ренминби юан

يوان

рупия

روبية

банкомат

صرّاف آلي

обменно бюро

مكتب صرافة

злато

ذهب

сребро

فضة

нефт

نفط

енергия

طاقة

цена

سعر

договор

عقد

данък

ضريبة

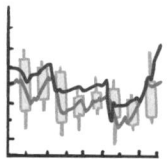

акция

سهم

работя

يعمل

служител

موظف

работодател

رب العمل

фабрика

مصنع

магазин за цветя

متجر

професии

المِهَن

полицай
الشرطي
пожарникар
رجل إطفاء
готвач
طبّاخ
лекар
الطبيب
пилот
طيّار

градинар

بستاني

мебелист

نجّار

шивачка

خيّاطة

съдия

قاض

химик

كيميائي

артист

ممثل

шофьор на автобус

سائق حافلة

шофьор на такси

سائق تاكسي

рибар

صياد سمك

чистачка

أجيرة للتنظيف

майстор на покриви

بنّاء سقف

келнер

نادل

ловец

صيّاد

художник

رسّام

хлебар

خباز

електротехник

كهربائي

строителен работник

عامل بناء

инженер

مهندس

касапин

لحّام

тенекеджия

سمكري

пощальон

ساعي البريد

войник

جندي

архитект

مهندس معماري

касиер

أمين صندوق

цветар

بائع الزهور

фризьор

حلاق

кондуктор

مراقب القطار

механик

ميكانيكي

капитан

قبطان

зъболекар

طبيب أسنان

научен работник

رجل العلم

равин

حاخام

имàм

إمام

монах

راهب

свещеник

كاهن

инструменти
عدة عمل

клещи
كمّاشة
чук
مطرقة
отвертка
مفك البراغي
гаечен ключ
مفتاح ربط
джобна лампа
مصباح يد

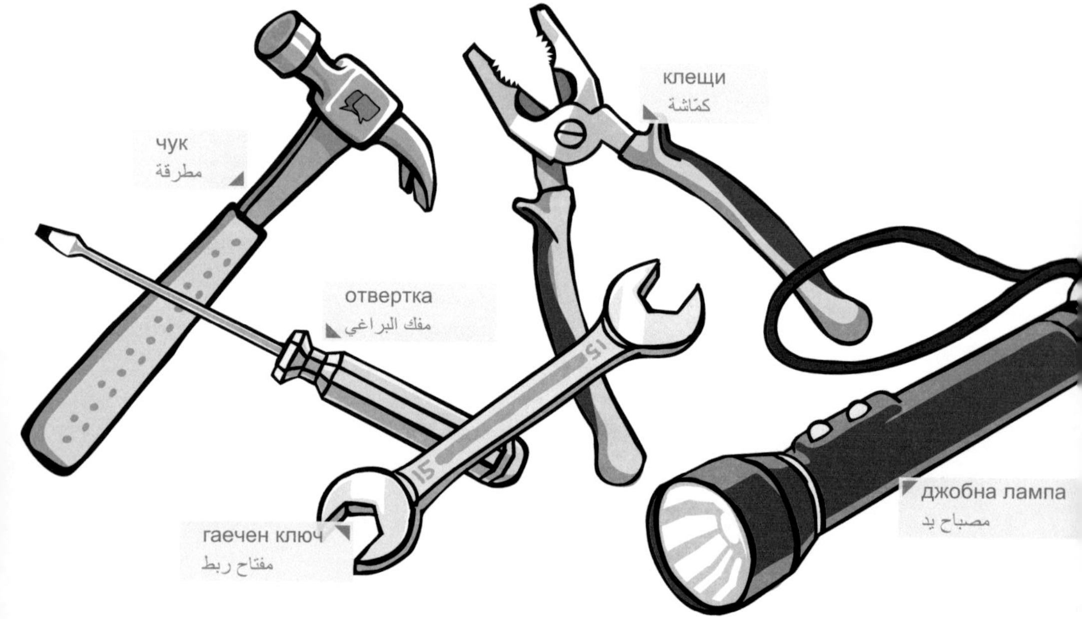

багер
جرافة

кутия за инструменти
صندوق العدة

стълба
سلم

трион
منشار

пирони
مسامير

бормашина
مثقب

ремонтирам

يصلح

лопата

مجرفة

По дяволите!

اللعنة

лопатка за смет

لقاطة الكناسة

кутия за боя

سطل الألوان

болтове

براغي

музикални инструменти

آلات موسيقية

високоговорител

مكبر الصوت

ударни инструменти

آلات الإيقاع

контрабас

كمان أجهر

тромпет

بوق

китара

غيتار

пиано

بيانو

виолина

كمنجة

контрабас

جهير

тимпан

طبل كبير

барабан

طبل

електрическо пиано

بيانو كهربائي

саксофон

ساكسوفون

флейта

ناي

микрофон

ميكروفون

зоологическа градина

حديقة حيوانات

вход
مدخل
тигър
نمر
бръмбар
قفص
зебра
حمار الوحش
храна за животни
علف للحيوانات
панда
دب باندا

животни

حيوانات

слон

فيل

кенгуру

كنغر

носорог

وحيد القرن

горила

غوريلا

мечка

دب

камила

جمل

щраус

نعامة

лъв

أسد

маймуна

قرد

фламинго

طائر فلامينغو

папагал

ببغاء

бяла мечка

دب قطبي

пингвин

بطريق

акула

سمك القرش

паун

طاووس

змия

أفعى

крокодил

تمساح

пазач в зоологическа
градина

حارس في حديقة الحيوان

тюлен

عجل البحر

ягуар

نمر أمريكي مرقط

пони

فرس قزم

леопард

نمر

хипопотам

فرس النهر

жираф

زرافة

орел

نسر

диво прасе

خنزير برّي

риба

سمك

костенурка

سلحفاة

морж

حيوان فظ البحري

лисица

ثعلب

газела

غزال

американски футбол
كرة القدم الأمريكية

колоездене
ركوب الدراجات

тенис
كرة التنس

баскетбол
كرة السلة

плуване
السباحة

хокей на лед
هوكي الجليد

бокс
الملاكمة

футбол

كرة القدم

бадминтон

الريشة الطائرة

лека атлетика

ألعاب القوى الخفيفة

хандбал

كرة اليد

ски бягане

التزلج على الثلج

поло

بولو

дейности

نشاطات

скачам
يقفز
прегръщам
يعانق
смея се
يضحك
вървя
يمشي
пея
يغنّي
сънувам
يحلم
моля се
يصلّي
целувам
يقبل

пиша

يكتب

рисувам

يرسم

показвам

يُري

бутам

يدفع

давам

يعطي

взимам

يأخذ

имам

يملك

правя

يعمل

съм

يوجد

стоя

يقف

тичам

يركض

дърпам

يسحب

хвърлям

يرمي

падам

يقع

лежа

يستلقي

чакам

ينتظر

нося

يحمل

седя

يجلس

обличам

يلبس

спя

ينام

събуждам се

يستيقظ

разглеждам

ينظر إلى ..

плача

يبكي

милвам

يمسّد

реша се

يمشّط

говоря

يتكلم

разбирам

يفهم

питам

يسأل

слушам

يسمع

пия

يشرب

ям

يأكل

разтребвам

يرتّب

обичам

يحب

готвя

يطبخ

карам автомобил

يقود

летя

يطير

дейности - نشاطات

плавам (с платна)

يبحر بزورق شراعي

смятане

يحسب

чета

يقرأ

уча

يتعلم

работя

يعمل

женя се

يتزوج

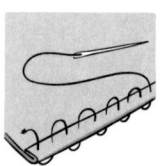

шия

يخيط

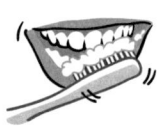

измивам си зъбите

ينظف أسنانه

убивам

يقتل

пуша

يدخّن

изпращам

يرسل

дейности - نشاطات

семейство
عائلة

баба
جدّة
дядо
جدّ
баща
أب
майка
أم
бебе
الطفل
дъщеря
ابنة
син
ابن

посетител

ضيف

леля

عمّة / خالة

чичо

عمّ / خال

брат

أخ

сестра

أخت

тяло

الجسم

чело
الجبين
око
العين
рамо
الكتف
пръст
الإصبع
лице
الوجه
брадичка
الذقن
ръка
اليد
крак
الساق
гърди
الصدر
ръка
الذراع

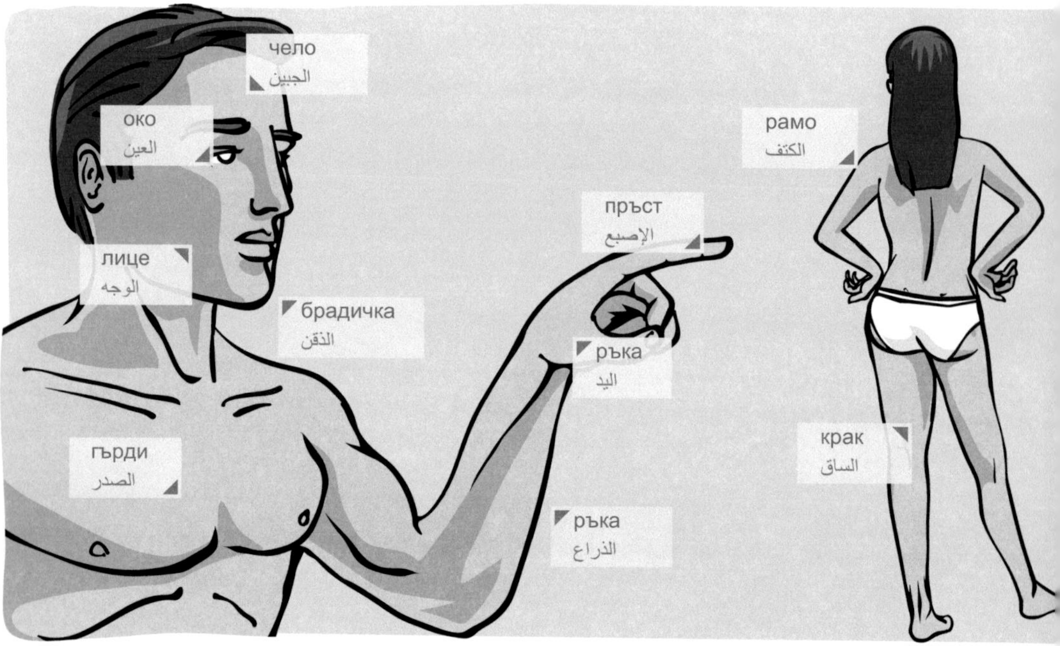

бебе

الطفل

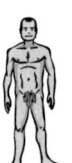

мъж

الرجل

жена

المرأة

момиче

البنت

момче

الولد

глава

الرأس

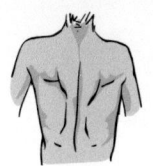

гръб

الظهر

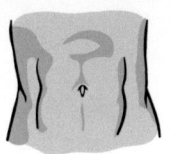

корем

البطن

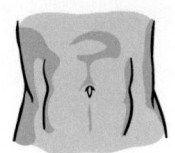

пъп

السرّة

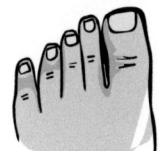

пръст на крака

إصبع القدم

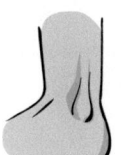

пета

الكعب

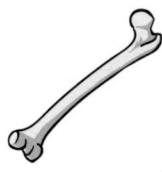

кост

العظم

хълбок

الورك

коляно

الركبة

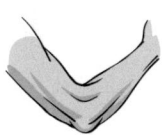

лакът

المِرفَق

нос

الأنف

седалище

العَجُز

кожа

البشرة

буза

الخد

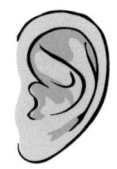

ухо

الأذن

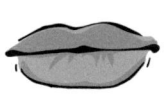

устна

الشفة

уста

الفم

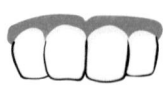

зъб

السن

език

اللسان

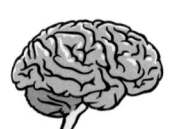

мозък

الدماغ

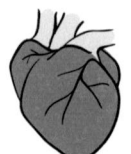

сърце

القلب

мускул

العضلة

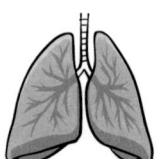

бял дроб

الرئة

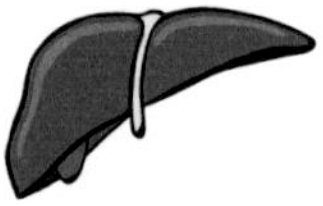

черен дроб

الكبد

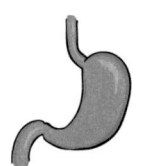

стомах

المعدة

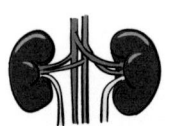

бъбреци

الكِلى

полово сношение

الاتصال الجنسي

кондом

الواقي المطاطي

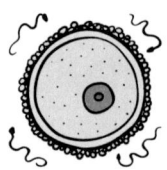

яйцеклетка

البويضة

сперма

المنيّ

бременност

الحمل

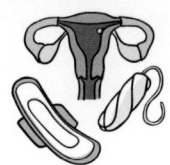

менструация

الحيض

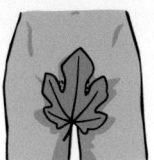

вагина

المهبل

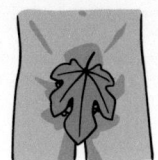

пенис

القضيب

вежда

الحاجب

коса

الشعر

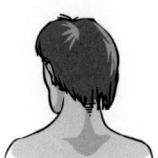

шия

الرقبة

болница
المستشفى

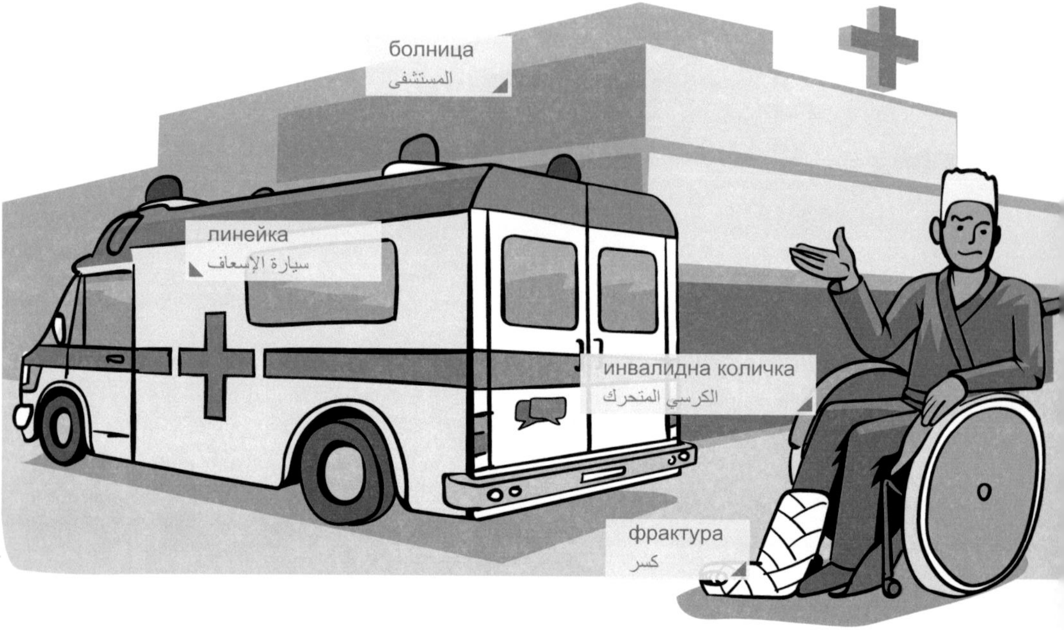

болница
المستشفى
линейка
سيارة الإسعاف
инвалидна количка
الكرسي المتحرك
фрактура
كسر

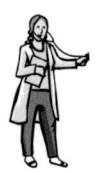

лекар

الطبيب

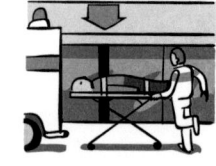

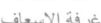

спешна хоспитализация

غرفة الإسعاف

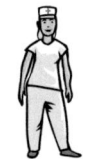

медицинска сестра

الممرضة

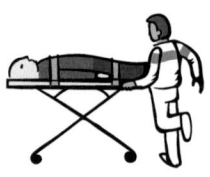

спешен случай

حالة

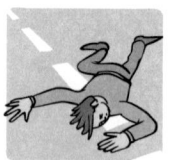

в безсъзнание

مغمى عليه

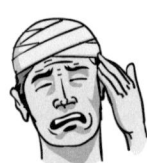

болка

الألم

нараняване

إصابة

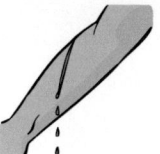

кървене

النزيف

инфаркт

احتشاء القلب

инсулт

جلطة

алергия

حسسية

кашлица

السعال

температура

الحُمّى

грип

إنفلونزا

диария

الإسهال

главоболие

وجع الرأس

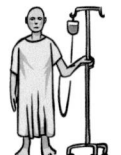

рак

السرطان

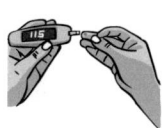

диабет

مرض السكر

хирург

جرّاح

скалпел

مبضع

операция

عملية

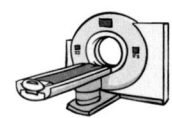

компютърна томография

سيتي سكان

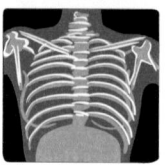

рентген

الأشعة السينية

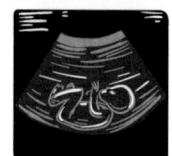

ултразвук

فوق الصوتي

маска

القناع

болест

المرض

чакалня

غرفة الانتظار

патерица

العُكاز

пластир

شريط لاصق

превръзка

ضماد

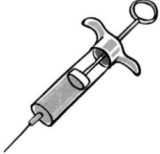

инжекция

حقنة

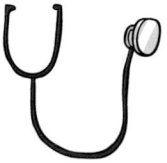

стетоскоп

سمّاعة الطبيب

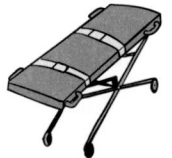

носилка

نقالة

термометър

ميزان حرارة

раждане

ولادة

наднормено тегло

وزن زائد

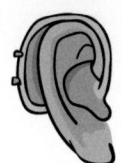

слухов апарат

جهاز السمع

дезинфекционно средство

المواد المعقمة

инфекция

عدوى

вирус

فيروس

HIV / AIDS

الإيدز

медицина

الطب

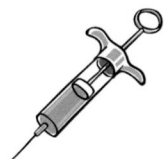

ваксинация

اللقاح

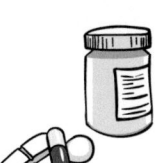

таблети

أقراص الدواء

противозачатъчна таблетка

حبّة الدواء

спешно телефонно обаждане

نداء النجدة

апарат за измерване на кръвното налягане

مقياس ضغط الدم

болен / здрав

مريض / صحيح

Помощ!

النجدة!

сигнал за тревога

إنذار

нападение

اعتداء

атака

هجوم

опасност

خطر

авариен изход

مخرج طوارئ

Пожар!

حريق!

пожарогасител

جهاز الإطفاء

злополука

حادث

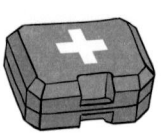

комплект за оказване на
първа помощ

حقيبة الإسعاف الأولي

SOS

أنقذونا

полиция

الشرطة

Земя

أرض

Европа

أوروبا

Северна Америка

أمريكا الشمالية

Южна Америка

أمريكا الجنوبية

Африка

أفريقيا

Азия

آسيا

Австралия

أستراليا

Атлантически океан

المحيط الأطلسي

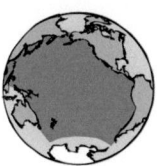

Тихи океан

المحيط الهادي

Индийски океан

المحيط الهندي

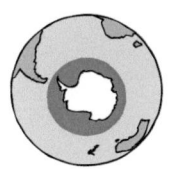

Южен ледовит океан

المحيط المتجمد الجنوبي

Северен ледовит океан

المحيط المتجمد الشمالي

Северен полюс

القطب الشمالي

Южен полюс

القطب الجنوبي

Антарктида

منطقة القطب الجنوبي

Земя

أرض

суша

بر

море

بحر

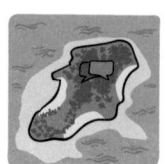

остров

جزيرة

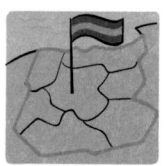

нация

أمة

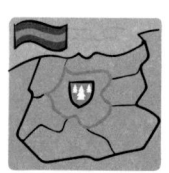

държава

دولة

часовник
ساعة

циферблат

ميناء الساعة

стрелка на часовете

عقرب الساعات

стрелка на минутите

عقرب الدقائق

стрелка на секундите

عقرب الثواني

Колко е часът?

كم الساعة الآن؟

ден

يوم

време

زمن

сега

الآن

дигитален часовник

ساعة رقمية

минута

دقيقة

час

ساعة

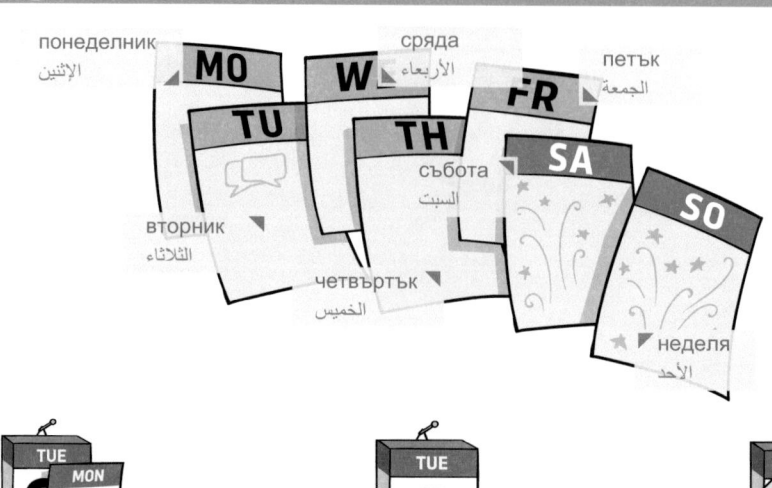

седмица

أسبوع

понеделник
الإثنين
сряда
الأربعاء
петък
الجمعة
съботa
السبت
вторник
الثلاثاء
четвъртък
الخميس
неделя
الأحد

вчера

الأمس

днес

اليوم

утре

غداً

сутрин

الصباح

обед

الظهر

вечер

المساء

работни дни

أيام العمل

уикенд

نهاية الأسبوع

година

سنة

дъжд
مطر
дъга
قوس قزح
сняг
ثلج
вятър
ريح
пролет
الربيع
есен
الخريف
лято
الصيف
зима
الشتاء

4.APRIL 11°
5.APRIL 4°
6.APRIL 13°
7.APRIL 8°
8.APRIL 10°

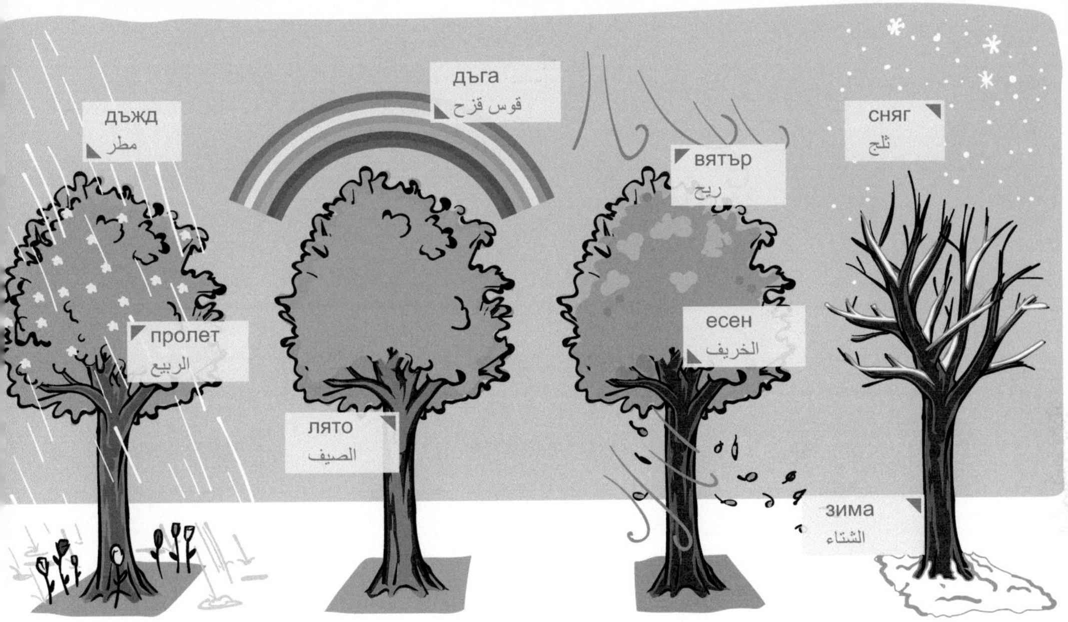

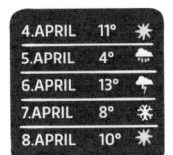

прогноза за времето

التنبؤ بالحالة الجوية

F
C

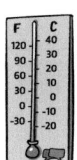

термометър

مقياس حرارة

слънчева светлина

ضوء الشمس

облак

سحابة

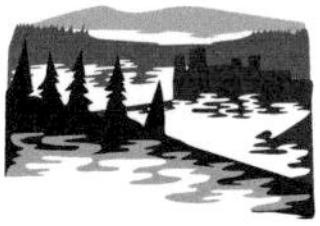

мъгла

ضباب

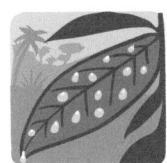

влажност на въздуха

رطوبة الجو

светкавица

برق

гръмотевица

رعد

буря

عاصفة

градушка

بَرَد

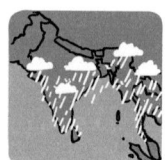

мусон

ريح موسمية

наводнение

طوفان

лед

جليد

януари

كانون الثاني / يناير

февруари

شباط / فبراير

март

آذار / مارس

април

نيسان / أبريل

май

أيار / مايو

юни

حزيران / يونيو

юли

تموز / يوليو

август

آب / أغسطس

септември

أيلول / سبتمبر

октомври

تشرين الأول / أكتوبر

ноември

تشرين الثاني / نوفمبر

декември

كانون الأول / ديسمبر

форми

أشكال

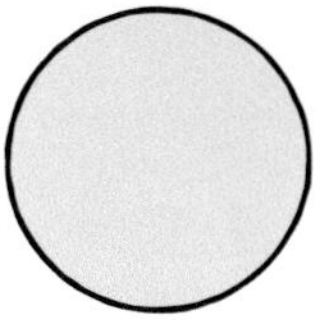

кръг

دائرة

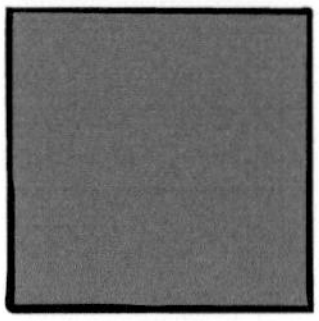

квадрат

مربّع

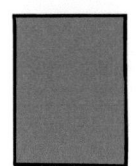

четириъгълник

مستطيل

триъгълник

مثلّث

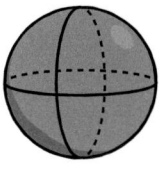

сфера

كرة

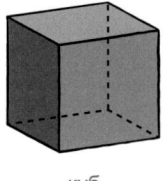

куб

مكعب

цветове

ألوان

бял

أبيض

жълт

أصفر

оранжев

برتقالي

розов

وردي

червен

أحمر

лилав

بنفسجي

син

أزرق

зелен

أخضر

кафяв

بنّي

сив

رمادي

черен

أسود

противоположности

الأضداد

много / малко

كثير / قليل

ядосан / спокоен

غضبان / هادئ

красив / грозен

جميل / قبيح

начало / край

بداية / نهاية

голям / малък

كبير / صغير

светъл / тъмен

فاتح / قاتم

брат / сестра

أخ / أخت

чист / мръсен

نظيف / وسخ

пълен / непълен

كامل / ناقص

ден / нощ

نهار / ليل

мъртъв / жив

ميت / حيّ

широк / тесен

عريض / ضيّق

ядлив / неядлив

صالح للأكل / غير صالح

сърдит / любезен

شرّير / لطيف

развълнуван / скучаещ

مثير / ممل

дебел / тънък

سمين / نحيف

най-напред / най-накрая

أولاً / أخيراً

приятел / враг

صديق / عدو

пълен / празен

مليء / فارغ

твърд / мек

صلب / ليّن

тежък / лек

ثقيل / خفيف

глад / жажда

جوع / عطش

болен / здрав

مريض / صحيح

нелегален / легален

غير شرعي / شرعي

интелигентен / глупав

ذكي / غبي

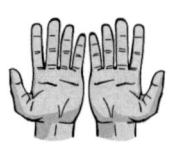

ляво / дясно

يسار / يمين

близо / далече

قريب / بعيد

нов / употребяван

جديد / مستعمل

нищо / нещо

لا شيء / بعض الشيء

стар / млад

مسِن / شاب

вкл. / изкл.

يشعل / يطفئ

отворен / затворен

مفتوح / مغلق

тих / силен (звук)

خافت / عالٍ

богат / беден

غني / فقير

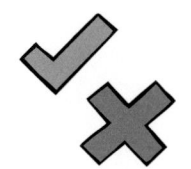

правилен / погрешен

صح / خطأ

грапав / гладък

أحرش / املس

тъжен / щастлив

حزين / سعيد

дълъг / къс

قصير / طويل

бавен / бърз

بطيء / سريع

мокър / сух

مبلول / جاف

топъл / студен

ساخن / بارد

война / мир

حرب / سلم

числа
أرقام

0

нула

صفر

1

едно

واحد

2

две

اثنان

3

три

ثلاثة

4

четири

أربعة

5

пет

خمسة

6

шест

ستة

7

седем

سبعة

8

осем

ثمانية

9

девет

تسعة

10

десет

عشرة

11

единадесет

أحد عشر

12

дванадесет

اثنا عشر

13

тринадесет

ثلاثة عشر

14

четиринадесет

أربعة عشر

15

петнадесет

خمسة عشر

16

шестнадесет

ستة عشر

17

седемнадесет

سبعة عشر

18

осемнадесет

ثمانية عشر

19

деветнадесет

تسعة عشر

20

двадесет

عشرون

100

сто

مائة

1.000

хиляда

ألف

1.000.000

милион

مليون

езици

اللغات

английски

الإنكليزية

американски английски

الإنكليزية الأمريكية

китайски мандарин

لغة ماندارين الصينية

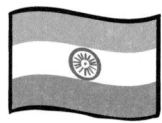

хинди

الهندية

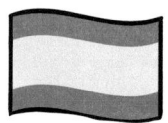

испански

الإسبانية

френски

الفرنسية

арабски

العربية

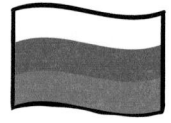

руски

الروسية

португалски

البرتغالية

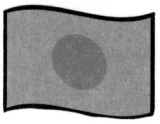

бенгалски

البنغالية

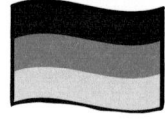

немски

الألمانية

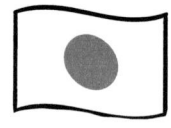

японски

اليابانية

кой / какво / как

من / ماذا / كيف

аз

أنا

ти

أنت

той / тя / то

هو / هي

ние

نحن

вие

أنتم

те

هم

кой?

من؟

какво?

ماذا؟

как?

كيف؟

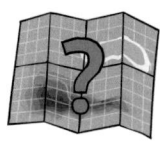

къде?

أين؟

кога?

متى؟

име

اسم

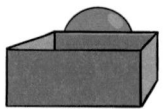

къде

أين

зад

خلف

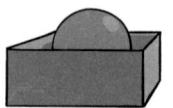

в

في

пред

أمام

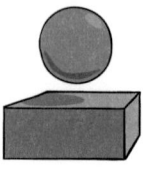

над

فوق

върху

على

под

تحت

до

جنب

между

بين

място

مكان